PETIT CATHÉCHISME

POLITIQUE

DES BONNES GENS.

PETIT CATÉCHISME

POLITIQUE

DES BONNES GENS.

PAR

Jules LA BEAUME.

EXTRAIT DU COURRIER FRANÇAIS.

PARIS,

LIBRAIRIE ETHNOGRAPHIQUE, RUE DU HASARD-RICHELIEU, 8.

1849.

PETIT CATÉCHISME POLITIQUE

DES BONNES GENS.

§ 1er. — *De la civilisation.*

1. — Qu'est-ce qui fait la gloire et la puissance d'une nation ?

— Son degré de civilisation.

2. — Qu'entendez-vous par civilisation ?

— La marche progressive de l'esprit humain vers des principes religieux de plus en plus élevés, de plus en plus favorables au bonheur de tous et de chacun des membres de l'humanité ; et j'entends par principes religieux, ou principes d'union et de solidarité entre les hommes, les vérités qui découlent de cette vérité fondamentale : Tous les hommes sont égaux devant Dieu, leur père commun.

3. — Nous reste-t-il à découvrir beaucoup de principes religieux?

— Dieu seul le sait. La seule certitude que nous ayons sur ce point est que le Christ, en nous révélant notre fraternité en Dieu, notre égalité devant notre père, et en nous enseignant la charité, conséquence sublime de cette égalité, de cette fraternité, nous a mis pour toujours dans la voie du progrès.

4. — N'avons-nous aucun effort à faire pour avancer dans cette voie ?

— Nous en avons d'infinis, au contraire. Dieu révèle le principe ; c'est à nous à le développer, à lui faire porter ses fruits. Toutes les nations n'ont pas, en même temps, et avec la même intelligence, interprété la nouvelle annoncée par le Christ, et parmi les plus diligentes et les plus instruites, tous les individus n'en ont pas immédiatement déduit les conséquences. La gloire de notre France est précisément d'avoir toujours compté, en plus grand nombre que les autres nations, des hommes pénétrés du sentiment de notre dignité, comme créatures douées d'une âme immortelle et responsable de sa liberté. Et, cependant, que d'efforts a dû faire notre France, que de luttes, souvent douloureuses, elle a dû soutenir, avant de pouvoir formuler enfin le véritable principe politique et compléter l'idée trop vague de *Liberté* par celles d'*Egalité* et de *Fraternité*, aussi vieilles pourtant que le Christianisme !

§ 2. — *Des Révolutions.*

5. — D'où vient qu'un progrès à réaliser entraîne presque toujours une lutte ?

— Parce qu'il apporte un changement dans l'ordre des idées reçues, et que ce changement froisse presque toujours des intérêts qui, naturellement, y résistent.

6. — Qu'entendez-vous par intérêts ?

— Ce que réclame la satisfaction de nos besoins, c'est-à-dire, de ce qui est, ou de ce que nous croyons être nécessaire à notre existence, à notre bien-être physique comme à notre valeur morale.

7. — Cette résistance dure-t-elle long-temps ?

— Non, quand le progrès est réel, on s'aperçoit bien vite qu'il respecte les intérêts légitimes et ne frappe que ceux dont la satisfaction était un fardeau pour la société. Les craintes se dissipent, les colères s'apaisent, le calme renaît, et, avec lui, le bien-être général augmenté de ce qu'y ajoute le progrès alors accompli. C'est ainsi que le principe social : *Liberté — Egalité — Fraternité*, ne rencontre déjà plus parmi nous d'opposition sérieuse à ses conséquences.

§ 3. — *Du principe social.*

8. — Qu'est-ce que la *Liberté*, l'*Egalité* et la *Fraternité* ?

— La *Liberté*, c'est la volonté s'exerçant, sans pression étrangère, dans les limites tracées à son action par la conscience s'appliquant à la recherche du bien en toute chose et par la loi, expression formelle de la raison de tous statuant dans un intérêt commun.

L'*Egalité*, c'est le droit pour chacun de jouir de la même liberté et d'en tirer, à son profit, les mêmes conséquences.

La *Fraternité* est ce sentiment indéfinissable, divin, qui vivifie l'égalité en la retrempant incessamment à sa source, et qui sanctifie la liberté en lui donnant pour but le bien du prochain, de préférence au bien personnel.

§ 4. — *De la Liberté.*

9. — Qu'est-ce que la liberté sans l'égalité ni la fraternité ?

— C'est un fait capricieux produit par la force brutale et passager comme elle.

10. — A quoi, de l'égalité ou de la fraternité, attachez-vous le plus d'importance ?

— A la fraternité. Des frères sont naturellement égaux entre eux, et cette égalité implique forcément la liberté. En outre, être égaux, être libres, ne nous constituerait encore qu'en des positions en quelque sorte isolées, tandis que la fraternité nous porte à nous rapprocher les uns des autres, à nous entre aider, à nous aimer et à former, enfin, une société que viennent féconder le devoir et le droit.

§ 5. — *Du devoir et du droit.*

11. — Qu'est-ce que le devoir ?

— Le devoir est ce qui doit être accompli par chacun envers chacun et envers tous, et par tous envers chacun, pour l'exécution de la loi de réciprocité dans le bien qui unit chaque homme à tous les hommes et tous les hommes à Dieu. En d'autres termes, le devoir est la base du droit.

12. — Qu'est-ce que le droit ?

— La part qui revient à chacun dans les forces mises à

la disposition de tous par le Créateur, et dans les avantages résultant de l'état de société.

§ 6. — *De l'Égalité.*

13. — Avoir un *droit égal* à une part, signifie-t-il avoir droit à une *part égale?*

— Non, mais avoir un droit égal *à concourir*, au même rang, au même titre, pour obtenir une part qui n'est jamais qu'en proportion des efforts déployés. Il en est de même du devoir. L'égalité, en ce point, ne consiste pas non plus à faire tous la même chose, à donner tous la même espèce, la même somme de secours, mais à nous acquitter, tous, avec un soin égal, de la part qui nous est dévolue dans les charges de la société, et à donner, tous, à nos semblables, avec un égal dévoûment, le secours des forces dont nous disposons.

14. — Pourquoi faut-il que chacun de nous conquière, pour ainsi dire, une part des forces qui, en définitive, sont notre propriété à tous?

— Parce que, sans cela, notre intelligence n'ayant aucun but à atteindre ne s'exercerait pas, ne se connaîtrait pas. Nos facultés physiques elles-mêmes nous seraient, pour la plupart, inutiles : nous serions comme le grain de mil, qui végète et finit sans s'être douté de sa propre existence.

15. — Si la part conquise n'est qu'en proportion des efforts déployés, et s'il existe parmi nous, comme vous l'avez donné à entendre, des faibles et des forts, il n'y a donc d'égalité ni en principe, ni en fait?

— Nous sommes égaux devant Dieu ; nous le sommes entre nous, quant au respect que nous nous devons les uns aux autres, à titre de frères, et quant à notre admission au concours pour la jouissance de biens que Dieu n'accorde qu'au travail et la société à l'utilité ; mais là s'arrête notre égalité. Ce serait nier l'évidence que de ne pas admettre d'individu à individu une inégalité de puissance.

Nous naissons, en effet, avec des aptitudes et des forces différentes. Dieu, qui ne fait rien sans motif, et sans motif paternel, a voulu cette inégalité, variable, d'ailleurs, entre les mêmes individus, afin qu'ayant constamment besoin les uns des autres, nous apprissions à pratiquer la fraternité qui égalise toutes les puissances en assurant au faible l'appui du fort, et réalise ainsi, dans l'humanité intelligente, l'ordre imposé à l'obéissance aveugle de l'univers matériel.

§ 7. — *De la Fraternité.*

16. — La société est donc essentiellement égoïste, qu'elle n'accorde rien qu'à l'utilité ?

— L'égoïsme est une passion étroite, mesquine, tenant de l'instinct animal plus que de l'intelligence humaine, et mettant partout la personnalité au lieu et place de la fraternité. Une société ne saurait subsister avec un tel élément de dissolution. Etre utile à la société, ce n'est pas seulement augmenter ses ressources matérielles, c'est, avant tout, pratiquer le bien, donner de bons exemples et faciliter ainsi le progrès de l'ordre dans la société.

§ 8. — *De l'Ordre.*

17. — Qu'entendez-vous par le progrès de l'ordre dans la société ?

— L'ordre est l'arrangement donné aux diverses parties d'un tout, afin que chacune d'elle concourre à la destination de ce tout. Nous ne voyons que les résultats de l'ordre par rapport à l'univers matériel ; mais il nous a été permis d'en connaître la condition, en ce qui concerne l'humanité.

Ainsi, le Christ nous a appris que la destination des sociétés humaines étant de réunir en un faisceau les forces individuelles, le lien de ce faisceau, ou en d'autres termes, la condition de l'ordre social est la fraternité, par laquelle aucun des éléments dont se compose la société ne reste inutile aux autres, ou ne souffre faute d'assistance. A mesure que cette condition est mieux remplie, la société mieux ordonnée s'élève plus puissante et plus heureuse vers les régions inconnues où Dieu a caché les dernières limites de la civilisation.

18.—La civilisation est donc le développement de l'ordre par la fraternité ?

— Précisément.

§ 9. — *Réciprocité des Devoirs et du Droit.*

19. — Vous avez dit que le devoir est la base du droit : cela étant, tout devoir rendu assure donc l'exercice d'un droit?

—Oui, sans doute, de même que l'exercice de tout droit exige l'accomplissement d'un devoir. Mais les individus statuant dans leur propre cause, seraient trop faciles sur le chapitre de leurs devoirs, trop exigeants sur celui de leurs droits.

Dieu, comme maître suprême, la société, comme arbitre souverain, jugent donc seuls des cas où cette réciprocité doit être plus ou moins immédiate et plus ou moins complète.

20.—Pourquoi accordez-vous le premier rang au devoir et mettez-vous le droit au second seulement ?

— Parce que je concevrais une société où chacun ne s'inquiéterait que de son devoir et que je désespérerais de celle où chacun n'aurait souci que de son droit.

§ 10. — *Des Droits politiques.*

21. — Quels sont les droits principaux, les droits politiques, que la fraternité nous a conduits à nous reconnaître à tous ?

— Ils sont au nombre de cinq, savoir :

La Liberté ;

L'Égalité ;

La Sûreté ;

La Propriété ;

L'Instruction.

22. — Vous avez déjà défini la liberté et l'égalité, définissez les trois autres droits.

— La *sûreté* est le droit d'être protégé par la société dans l'exercice de sa liberté.

La *propriété* est le droit de disposer d'une chose , à la condition que la société ne reçoive de cette disposition aucun dommage soit moral , soit matériel.

L'*instruction* est le droit de participer, chacun suivant son aptitude et ses besoins, au foyer lumineux que la société a le devoir d'entretenir et d'activer au profit de tous.

§ 11. — *De la Justice.*

23. — La justice n'est-elle pas un droit aussi ?

— Elle est davantage , s'il est possible , elle est la gardienne de tous les droits.

§ 12. — *Du Travail.*

24. — Et le travail, pourquoi ne le comprenez-vous pas au nombre des droits ?

— Parce que c'est un devoir et non pas un droit.

25. — Mais quand ce devoir, à l'accomplissement duquel est attachée l'existence, ne peut pas être rempli ?

— Alors, intervient la fraternité, qui impose à la société le devoir de suppléer, autant que le lui permettent ses ressources, à l'insuffisance des efforts individuels.

26. — Peut-être dépouillez-vous le travail de la qualité de *droit*, et ne lui accordez-vous que celle de *devoir*, en considération de l'organisation actuelle de la société ? S'il en est ainsi, ne conviendrez-vous pas que mieux vaudrait réformer cette organisation ?

— En faisant du devoir la base du droit, je n'ai pas prétendu lui donner une importance moindre qu'à celui-ci. Le devoir, avec le droit pour sanction, est plus fécond en bons résultats sociaux, que le droit, toujours un peu vaniteux de sa nature, et disposé, par conséquent, à oublier que le devoir est sa condition, mais je laisse de côté cette question peu importante ici. L'organisation actuelle de la société est loin d'être parfaite. Il est certain que, débarrassée à la longue des mauvais éléments que ses vicissitudes passées y ont introduits, elle sera un jour infiniment plus puissante pour le bien de tous et de chacun de ses membres. Mais parvenue à ce point, elle repoussera plus vivement encore qu'aujourd'hui ce qu'on a appelé le *droit au travail*. Elle comprendra encore mieux, en effet, que l'exercice de ce prétendu droit la réduirait à l'alternative inacceptable de se réfugier dans l'absolutisme, ou de se dissoudre en entraînant dans sa ruine la famille et la civilisation.

27. — Dans quel cas serait-elle obligée de se réfugier dans l'absolutisme ?

— Dans celui où les travailleurs réclameraient le droit au choix du travail, conséquence pratique du droit au travail. La société devenue chef de fabrique serait évidemment forcée de régler la consommation et la production , quant aux espèces et quant aux quantités fournies par le travail, bientôt concentré dans ses seules mains , et de régler aussi le nombre des travailleurs admis à se livrer à la même nature de travail.

28. — Quel mal verriez-vous à cela ?

— Que la société ne serait plus qu'un vaste atelier où le plus grand nombre, sans *liberté*, par suite d'une sorte d'embrigadement indispensable , et sans énergie , comme sans émulation , faute d'avoir la *propriété* en perspective , serait bientôt exploitée par le plus petit nombre , qui lui nierait l'*égalité* au nom de l'utilité commune , et lui dispenserait l'*instruction*, non plus suivant les aptitudes et les besoins individuels , mais suivant les nécessités de la fabrication et de la consommation. Il ne resterait d'entier que le droit de *sûreté*, réduit à la sûreté matérielle, si l'on peut ainsi dire, droit que tout berger, bon calculateur, assure à son docile troupeau jusqu'à la porte de l'abattoir.

29. — Dans quel cas la société se dissoudrait-elle ?

— Dans celui où, répugnant à recourir à l'absolutisme, elle resterait exposée sans défense aux exigences personnelles de chaque travailleur et à la paresse du plus grand nombre des travailleurs, qui transformeraient promptement le droit au travail, en un droit à une pure et simple redevance pécuniaire, droit qui, tarissant la production dans sa source, conduirait rapidement à la négation du droit de propriété *individuelle*, ne laisserait pas même à la société la possibilité de fonder et d'entretenir une propriété *commune*, et ne produirait enfin que la *liberté* dans la misère et l'*égalité* dans la barbarie.

§ 13. — *De la Propriété.*

30. — Ce droit de propriété que vous invoquez si énergiquement, est-il donc à l'abri de toutes les attaques ?

— A toutes les époques il s'est trouvé des esprits généreux qui, touchés de l'inégale répartition des biens de ce monde, ont essayé d'y remédier. Ceux qui se sont attaqués au droit de propriété lui-même, sont allés contre le but qu'ils se proposaient. Sans l'existence de ce droit, il est impossible d'accuser d'injustice le fort qui arrache au faible l'aliment que celui-ci porte à sa bouche; il n'y a plus en présence que force brutale et faiblesse physique, violence et oppression; il n'y a plus que ce contre quoi la Société a été organisée, il n'y a par conséquent plus de société et avec celle-ci disparaît l'intelligence qui ne se développe qu'à l'abri de sa protection; l'homme perd le souvenir de Dieu, descend au rang des simples animaux.

§ 14. — *De la Religion.*

31. — Pourquoi parlez-vous si souvent de Dieu, à propos de choses purement humaines, à propos de politique?

— Parce que toutes les choses de l'intelligence humaine ont leur principe en Dieu, la suprême intelligence, et que de toutes ces choses, la plus grande, celle pour laquelle nous avons besoin de consulter Dieu de plus près, est la société, l'arrangement de la société, autrement dit, la politique. La société a ses charges, la politique ses dures nécessités, ses hésitations, ses contradictions : si la pensée de Dieu et de sa justice n'était là pour reconforter l'affligé, protéger le faible et contenir le puissant, où seraient la garantie des droits de l'un et celle de l'accomplissement des devoirs de l'autre.

Qu'on ne vienne pas invoquer ici l'intérêt : l'intérêt n'a jamais fait aimer personne, et la société ne se maintient que par l'amour, par la fraternité qui, sans cesse ranimés et réchauffés dans le sein même de Dieu, s'étendent sur l'humanité et l'enserrent dans une commune religion. Oui, plus nous avons le sentiment de notre dignité, et plus nous sommes frappés de cette vérité, que la religion et la politique sont une seule et même chose, et que c'est Dieu qu'on sert et qu'on aime, en servant et en aimant l'humanité, la patrie et la famille, tout à la fois but et moyens des progrès de la civilisation.

§ 15. — *De l'humanité, de la patrie et de la famille.*

32. — Qu'est-ce que l'humanité ?

— L'ensemble de tous les hommes, sans distinction de races ni de pays, considérés principalement sous le rapport de leur existence morale.

33. — Comment sert-on l'humanité ?

— En recherchant les titres qui constatent la destinée de l'homme, en s'appliquant à faire que cette destinée soit accomplie, en travaillant à diminuer les souffrances qui affligent les hommes, à quelque famille, à quelque nation, à quelque race qu'ils appartiennent.

34. — Qu'est-ce que la patrie?

— C'est la famille formée par la réunion d'un certain nombre de familles particulières.

35. — Qu'est-ce que la famille particulière?

— L'ensemble des individus qui, père, mère, enfants, frères, oncles, neveux ou cousins, sont la multiplication de la même existence.

36. — Comment sert-on la famille?

— Comme on sert la patrie, en l'honorant et en la faisant aimer.

37. — Comment fait-on aimer la patrie et la famille?

— En les aimant soi-même. En montrant, dans la famille, la source et l'objet des plus pures affections, des plus vives jouissances et, dans la patrie, une grande famille résumant en elle tout ce qui fait la force et la sainteté de chacune des familles particulières.

38. — Comment les honore-t-on?

— Par la pratique des vertus qui font le bon parent, le bon ami, le grand citoyen, en un mot : l'homme de bien.

39. — Pourriez-vous dire quelles sont les principales de ces vertus ?

— La piété envers Dieu, la charité envers le prochain, l'amour de la patrie et le respect de la loi.

§ 16. — *Des avantages matériels du progrès politique.*

40. — Voilà bien des droits, bien des devoirs, bien des vertus, et voilà l'ordre par la fraternité parfaitement défini dans ses conditions. Tout cela et cet ordre lui-même augmenteraient-ils vraiment le bonheur matériel de la société ? C'est d'après le degré de ce bonheur que beaucoup de gens apprécient le mérite des institutions politiques.

— C'est comme si vous demandiez si un ouvrier fera un meilleur ouvrage quand il sera plus libre de ses mouvements, mieux secondé par ses camarades, et quand il disposera de meilleurs et plus nombreux outils dirigés par une intelligence plus éclairée.

§ 17. — *De la condition du progrès politique.*

41. — Pourquoi donc, toutes ces vérités étant connues

depuis tant de siècles, toutes les nations ne sont-elles pas également heureuses ?

— Parce que toutes ne sont pas convenablement placées pour l'exercice des vertus précédemment indiquées, la plénitude de cet exercice étant subordonnée à l'importance et à la multiciplicité des devoirs imposés par la forme du gouvernement.

42. — Les gouvernements despotiques sont ceux qui imposent le plus de devoirs : ils sont donc ceux aussi où l'on est le plus facilement et le plus complètement homme de bien ?

— Comme les maîtres absolus de l'atelier dont j'ai parlé, ils n'imposent, en réalité, qu'un seul devoir, la soumission, et ne reconnaissent de droits que ceux qu'ils ont eux-mêmes concédés. Leurs sujets peuvent sans doute pratiquer les vertus privées, mais ils ne sont pas appelés à donner l'exemple de l'accomplissement des grands et nobles devoirs civiques.

43. — Il est d'autres formes de gouvernement qui me semblent ne rien laisser à désirer sous ce rapport. Sous une monarchie constitutionnelle, par exemple, on peut sans doute servir avec zèle et dévoûment l'humanité, la patrie et la famille ?

— Avec zèle et dévoûment, oui ; mais non pas avec une entière puissance, parce que les pouvoirs y émanant encore d'un seul individu qui n'oserait les donner tous à tous, par crainte pour sa propre autorité, on ne saurait y être complètement citoyen.

§ 18. — *Du Citoyen.*

44. — Qu'entendez-vous par être citoyen ?

—Avoir le droit et le devoir d'intervenir dans l'administration des intérêts, soit moraux, soit matériels de sa patrie, et être obligé, par conséquent, de rechercher et de pratiquer constamment ce qui est juste, bon et utile à ses semblables.

§ 19. — *De la République démocratique.*

45. — Quelle est donc la forme de gouvernement qui favorise le plus le progrès de l'humanité ?

— La RÉPUBLIQUE DÉMOCRATIQUE.

46. — Pourquoi cela ?

— Parce qu'elle est l'application, dans toute sa sincérité,

du principe de la souveraineté du peuple, conséquence immédiate de l'égalité des hommes devant Dieu.

47. — Qu'entendez-vous par souveraineté?

— Le droit et le pouvoir de décider de ce qui convient ou ne convient pas à la nation ; de promulguer cette décision et de la faire exécuter.

48. — Qu'est-ce que le peuple ?

— C'est, dans chaque nation, tous les membres de cette nation.

49. — Pourquoi faites-vous suivre le mot *République* du mot *démocratique*?

— Une *république* est tout simplement un gouvernement où le pouvoir est délégué, pour un temps quelconque, à un ou à plusieurs citoyens responsables, par des électeurs qui conservent ensuite une certaine action sur ce pouvoir. Ainsi, l'on a vu des républiques aristocratiques, sacerdotales, militaires, marchandes, et organisées, par conséquent, au point de vue de l'intérêt particulier de chacune de ces fractions de la nation. Le mot *démocratique* indique que c'est le peuple tout entier qui est électeur, qui délègue le pouvoir et qui y conserve une certaine action dans l'intérêt de tous.

50. — Pourquoi dites-vous que la souveraineté du peuple

est la conséquence immédiate de l'égalité des hommes devant Dieu?

— Si Dieu avait créé plusieurs espèces d'hommes, dont l'une supérieure aux autres, parce qu'il l'aurait douée d'une âme supérieure, la souveraineté appartiendrait forcément, dans chaque nation, aux hommes de cette espèce. Il n'en est pas ainsi. Cependant, l'autorité, attribut de la souveraineté, étant indispensable pour gouverner, il faut bien, puisqu'elle ne peut appartenir à aucun de nous en particulier, à l'exclusion de tous les autres, qu'elle réside en nous tous qui, réunis, constituons ce qu'on appelle le peuple.

§ 20. — *De l'autorité.*

51. Pourquoi l'autorité est-elle indispensable pour gouverner ? Ne suffirait-il pas de la raison, de la bonne volonté, pour exécuter les décisions émanées de la souveraineté du Peuple ?

— Toute société se compose d'autant d'intérêts particuliers qu'elle compte de membres. Gouverner, c'est tenir la balance entre ces intérêts, de manière à ce qu'ils se servent mutuellement. Ces services mutuels ne peuvent être rendus sans qu'il en coûte quelques sacrifices, mutuels aussi. La nécessité, la nature, l'étendue de ces sacrifices ne peuvent être toujours appréciés par les personnes qui ont à les accomplir, et, lors même qu'elles y parviendraient, elles n'auraient peut-être pas toujours assez de résolution pour exécuter contre elles-mêmes l'arrêt dicté par leur esprit de justice. Il faut donc qu'il y ait dans toute société, ou nation, une autorité, ou puissance, chargée de suppléer aux faiblesses des intérêts privés et de gouverner dans l'intérêt commun.

52. — Vous vous servez tantôt du mot *hommes*, tantôt du mot *peuple* et tantôt du mot *nation* pour exprimer ce qui semble être la même chose. Attachez-vous de l'importance à l'emploi à faire de chacun de ces trois mots?

— J'en attache une très grande. Le mot *hommes* ne réveille que l'idée philosophique de *créatures à l'image de Dieu*; le mot *Peuple* s'applique à l'ensemble des hommes considérés au point de vue de leur existence à l'état de *société politique*; le mot *nation* indique les *familles politiques* entre lesquelles se répartit le *Peuple*. Dire, l'*égalité du Peuple* au lieu de l'*égalité des hommes*, et la *souveraineté des hommes* au lieu de la *souveraineté du Peuple*, ne serait que de simples non-sens, parce que, pour qu'il puisse être question d'égalité, il faut qu'il y ait au moins deux choses en présence, et que si la souveraineté appartient à chaque homme isolément, elle n'existe plus, faute de pouvoir être exercée sur aucun homme; mais parler de l'exercice de cette souveraineté autrement que relativement à chaque nation, ce serait s'exposer à commettre de graves erreurs, puisque cet exercice ne peut être plus ou moins entier que suivant le degré de civilisation de la nation.

§ 21. — *De l'avenir politique des nations.*

53. — La République étant le complet exercice de la souveraineté du Peuple, elle est donc une forme de gouvernement qui ne convient qu'aux nations parvenues au plus haut degré de civilisation?

— Ces termes sont trop rigoureux. La civilisation est indéfiniment progressive; on ne peut jamais dire qu'une nation en a atteint le plus haut degré. La République est seulement la forme du gouvernement vers laquelle tendent, même à leur insu, toutes les nations, et qu'elles établissent dès qu'elles ont un sentiment de leurs devoirs et de leurs droits assez vif pour qu'elles n'aient plus foi dans le dogme transitoire de la monarchie.

54. — Pourquoi appelez-vous la monarchie un dogme?

— Parce qu'elle peut bien être une nécessité, mais qu'elle n'est pas un principe, c'est-à-dire une vérité à laquelle conduisent directement l'examen du but des sociétés politiques et celui des conditions de leur maintien, de leur grandeur. Le principe s'impose, le dogme veut être accepté.

55. — Pourquoi dites-vous que la monarchie est un dogme transitoire?

— Parce que, de même que toutes les nécessités dérivant de l'état moral des sociétés, elle n'est stable ni dans sa forme, ni dans son mode d'action obligés de se transformer suivant les indications de cet état moral. L'histoire nous la montre, en effet, absolue d'abord, puis constitutionnelle; se fondant sur le droit divin, ensuite sur le consentement de la nation; faisant, enfin, une part de plus en plus large à l'intervention des nationaux dans le gouvernement, à mesure que les lumières se répandent, à mesure que la nation fait un pas de plus vers la conquête de la souveraineté du peuple, vers la République démocratique, ou gouvernement de tous par tous, et au profit de tous.

§ 22. — *De la coopération au gouvernement.*

56. — Suit-il de cette dernière définition que, dans une République démocratique, chaque citoyen ait le droit d'imposer sa volonté en matière de gouvernement?

— Non. Si chacun avait le droit de commander, personne n'accepterait, ne remplirait le devoir d'obéir; il y aurait anarchie, absence de toute espèce de gouvernement.

57. — En quoi consiste donc, sur ce point, le droit du citoyen ?

— A proposer son avis, à discuter celui des autres, à coopérer au gouvernement et non pas à le diriger.

§ 23. — *De la majorité.*

58. — Cette coopération ne pouvant, en réalité, conférer aucune autorité au citoyen pris isolément, comment se forme et en qui réside l'autorité nécessaire au gouvernement?

— Elle se forme d'après ce principe que la même chose, voulue par plusieurs personnes dans un intérêt commun, a, en sa faveur, une plus grande probabilité de raison que la chose voulue par une seule personne dans ce même intérêt commun. L'autorité réside, en conséquence, dans l'avis émis par la majorité.

§ 24. — *Du suffrage universel.*

59. — Ainsi, non seulement chaque citoyen pris isolément n'a pas le droit d'imposer sa volonté personnelle, mais ce droit n'appartient pas, non plus, aux minorités?

— Non, car autrement ce serait encore l'anarchie. Il est bien entendu, toutefois, que pour que l'autorité réside dans la majorité, il faut que tous les citoyens, sans autre exception que de ceux légalement reconnus incapables de gérer leurs intérêts privés, et de ceux frappés d'indignité par les lois pénales, aient été appelés à exercer leur part de coopération; aussi le principe du *suffrage universel* découle-t-il directement de celui de la souveraineté du Peuple.

§ 25. — *De la minorité.*

60. — Quelle voie reste ouverte aux individus et aux minorités pour faire triompher des vérités méconnues par la majorité?

— La discussion.

61. — Ne peut-il pas en résulter des retards dangereux?

— Non. Une vérité qui n'est pas encore passée dans l'intelligence et dans les convictions, au moins du plus grand nombre des citoyens, n'est pas applicable. Niée ou mal comprise par ceux à qui elle serait imposée, elle succomberait bien vite sous les fausses conséquences qu'ils ne manqueraient pas d'en tirer.

62. — Vous croyez donc qu'une vérité peut disparaître ?

— Non ; mais quand elle n'est pas produite à son heure, elle coûte comme un second enfantement, bien plus long, bien plus douloureux que le premier.

§ 26. — *Des Représentants du Peuple.*

63. — Ne vous semble-t-il pas difficile que tous les citoyens exercent toujours leur part de coopération dans chacun des actes du gouvernement ?

— Sans doute, cela serait même matériellement impossible si cette coopération devait toujours être directe, c'est-à-dire exercée par les citoyens eux-mêmes. Aussi, dans beaucoup de cas, n'est-elle qu'indirecte, c'est-à-dire exercée par un certain nombre de représentants, élus, à cet effet, par les citoyens.

64. — Les décisions de ces représentants ont-elles la même autorité, sont-elles souveraines au même titre que celles prises directement par tous les citoyens?

— Il n'y a aucune différence entre celles-ci et celles-là, puisque les secondes ne sont que l'exécution des premières.

§ 27. — *Des pouvoirs législatif et exécutif.*

65. — Quelle est l'essence du gouvernement républicain?

— La suprématie du pouvoir législatif sur le pouvoir exécutif, et la responsabilité des agents de celui-ci, à tous les degrés.

66. — Qu'entendez-vous par pouvoir législatif?

— Le Peuple procédant, par ses représentants, à l'établissement des lois.

67. — Qu'entendez-vous par pouvoir exécutif?

— Les mandataires du Peuple pour l'exécution des lois et pour la surveillance des grands intérêts publics.

68. — Est-ce que représentant ou mandataire du Peuple ce n'est pas la même chose?

— Non. Le représentant est libre dans ses actes ; le mandataire est lié dans les siens par la volonté du Peuple, volonté dont il n'est que l'exécuteur.

69. — Cette distinction entre les deux pouvoirs politiques n'est-elle pas établie de la même manière dans les monarchies constitutionnelles?

— Non. Le pouvoir exécutif n'y est responsable que dans ses agens secondaires, les ministres; son agent principal, le roi, est non seulement irresponsable, mais il peut suspendre l'exécution de la volonté du pouvoir législatif. Celui-ci, sans parler de ses bases restreintes, qui ne lui permettent pas de se dire la représentation du Peuple, y manque du droit absolu d'initiative dans les choses de gouvernement.

70. — Qu'entendez-vous donc par suprématie du pouvoir législatif?

— Cela est suffisamment expliqué par la distinction que j'ai rapportée et qui existe entre la *liberté d'action* du représentant du Peuple et l'*action limitée* laissée au mandataire du Peuple.

§ 28. — *Des éléments de force de la République.*

71. — Est-ce là tout ce qui constitue les éléments de force de la République?

— Non, ce ne sont même pas les principaux.

72. — Quels sont donc ces principaux éléments?

— Le soin apporté par chacun des citoyens à s'acquitter de ses devoirs et à se rendre compte de ses droits, afin d'en réclamer l'exercice sans vaniteuse prétention et sans recours à de parricides violences, mais aussi sans coupable négligence (1).

(1) Voir pour les développements de ces principes :

LA SCIENCE DES BONNES GENS. — 2e édition, 1847. — Paris, 1 vol. in-18, chez Truchy, boulevart des Italiens, 18. Prix : 2 fr. 50 c.

DEVOIRS PRIVÉS ET DEVOIRS SOCIAUX, deux traités publiés dans la collection des *Cent Traités* pour l'instruction du peuple. Chez Paulin et Lechevalier, rue de Richelieu, 60.

FIN.

IMPRIMERIE ÉD. PROUX ET Cᵉ, RUE NEUVE-DES-BONS-ENFANTS, 3.